人文科普系列·未来小读 UnRead Kids

像哲学家一样思考

哲学真费脑

最强大脑的奥秘

[瑞典] 彼得·艾克贝里——著

[瑞典] 延斯·阿尔伯姆——绘

徐昕——译

长江出版传媒

长江文艺出版社

这本书献给
所有好奇和
智慧的大脑!

彼得·艾克贝里（Peter Ekberg）从小就对人类和宇宙很感兴趣。他于 2009 年出版了处女作《哲学真讨厌》，此后他一直在创作，从个人风格鲜明的科普书到纯文学故事。彼得认为大脑是世界上最有趣的东西，他大学学的就是现代大脑研究。他是教育学者，哲学博士研究生，专注于人类思维的研究。

延斯·阿尔伯姆(Jens Ahlbom)是一名插画家、儿童读物作家和漫画家，出生于 1954 年。此外，他还为许多其他儿童读物、教科书和参考书作了插图，曾荣获多个享有盛誉的奖项。

非常感谢神经科医生卡里奥皮·索福（Kalliopi Sofou）和研究员亨里克·林登（Henrik Lindén）对内容进行审订并给予建议！

目录

你脑袋里的一部奇妙机器

你的脑袋里有一样非常奇妙的东西，一样你需要小心呵护的东西，一样你离开了就无法活着的东西……在你的脑袋里，有一个大脑——一个精巧到让我们叹为观止的器官！

大脑是一部生物机器，它比其他所有机器都要先进得多。有人可能会将大脑比作电脑，将人的记忆与电脑的信息存储能力相比，将人的计算能力与电脑的计算能力相提并论。但迄今为止，电脑还是远远不及人脑，特别是在学习新鲜事物和改进自身这两点上。所以，在我们制造出一台跟人脑同样复杂和灵活的机器之前，仍然有很多东西有待我们去研究和发现。你的笔记本电脑与你的大脑仍然有着巨大的差异！

最强大脑到底"最强"在哪里

人脑差不多有 1.5 千克（3 斤）重。它的质地跟燕麦粥差不多。人脑其实并不大，用一只手就可以端稳，但是它里面却包含了那么多东西！大脑是一个由神经细胞组成的巨大宇宙。

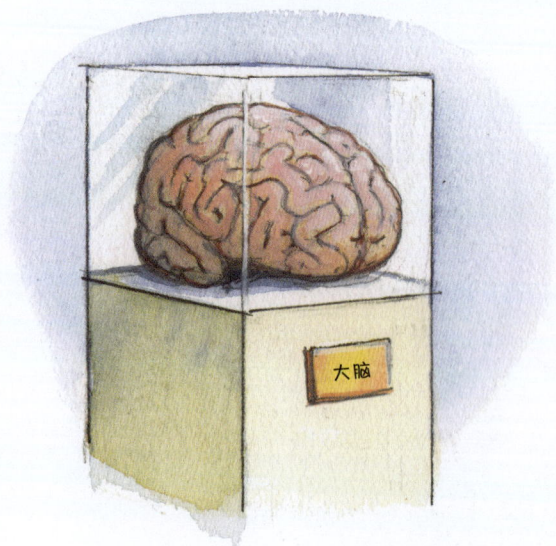

……正常说话以及弹奏音乐。

你需要用大脑来感受味道和气味……

你需要用大脑来思考和集中精力做事，如写书和画画。

没有了大脑，你也就不存在了——你是你大脑的一种非常具体的存在形式。你的感觉和记忆直接跟你的大脑联系在一起，你所经历的事情都是在那里进行处理的。多亏有了大脑，人类作为一个物种才能在大自然中存活，才能建立复杂的社会，才能把宇航员送去月球，才能计划出让人惊叹的星球探险！

此外，大脑还能让你活动，让你感知不同的事物。得益于大脑的严密结构，你才能记忆、跳舞、运动，做数不清的其他事情……

天大的事情睡一觉再说

现在让我们开始研究你脑袋里这团了不起的东西！包裹在大脑最外面的是你的头骨，头骨类似于一个自然的头盔。

围绕着大脑，在被称为"**脑室**"的腔体中，有一层保护大脑免受冲击或其他伤害的无色透明液体，这种液体叫**脑脊液**。

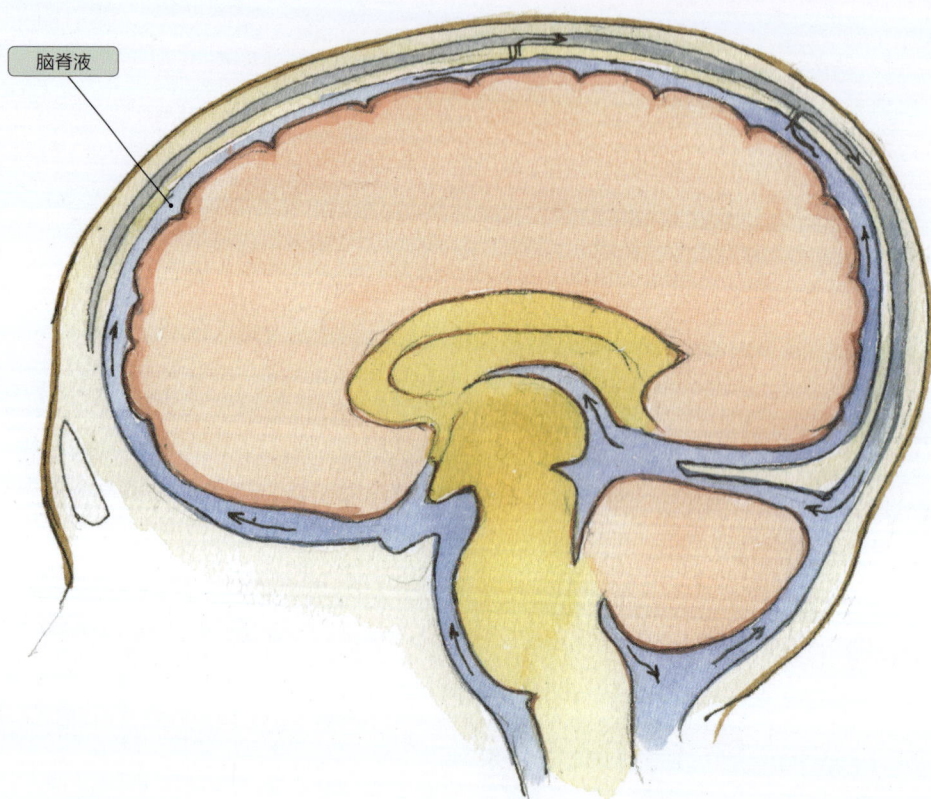

脑脊液

正在
清洁！

你生命中大约三分之一的时间
是在睡觉——这并不是在浪费
时间！如果没有这种带有"洗
脑"性质的睡眠，大脑最终将
无法运转。所以要好好睡觉！

脑脊液还有一个极为重要的功能，跟我们的睡眠有关。近年来人们发现，当我们睡觉时，这种液体会围绕着大脑流动，向下穿过一层一层脑细胞，把它们"清洗"干净！这是大脑清除细胞工作残渣的一种方式。

多亏了这种天然的洗脑方式，我们醒来时才会精神抖擞、头脑清醒，为迎接新的一天做好准备。然而，如果你不睡觉，大脑就无法得到清洁，你也就很难清晰地思考。

你睡着了，
还是醒着？

既睡着了
也醒着。

海豚让半侧的大脑先睡觉，
另外半侧醒着保持运转。
然后对调！

9

说到快，谁都比不上它

大脑主要是由一种叫作**神经元**的神经细胞构成的。在你的大脑中大约有 800 亿个神经元，它们一起构成了巨大的网络。

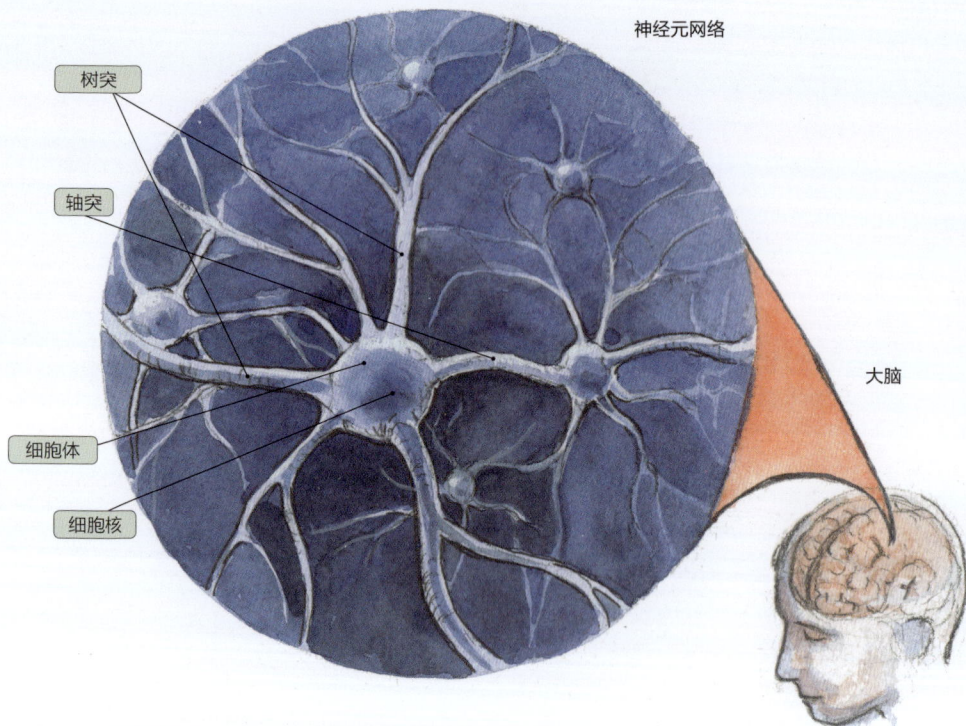

神经元网络

树突

轴突

细胞体

细胞核

大脑

每个神经元都是一个单独的细胞，由一个带**细胞核**的**细胞体**和被称为**树突**的树状纤维构成。树突有点儿像触角，从细胞上伸出来，接收来自其他细胞的信息。

当一个神经细胞发送信息的时候，它是通过一种叫**轴突**的薄薄的、细长的细胞部分来完成的。来自轴突的信号被引导到一个叫**突触间隙**的地方，那是两个神经细胞的相连处。

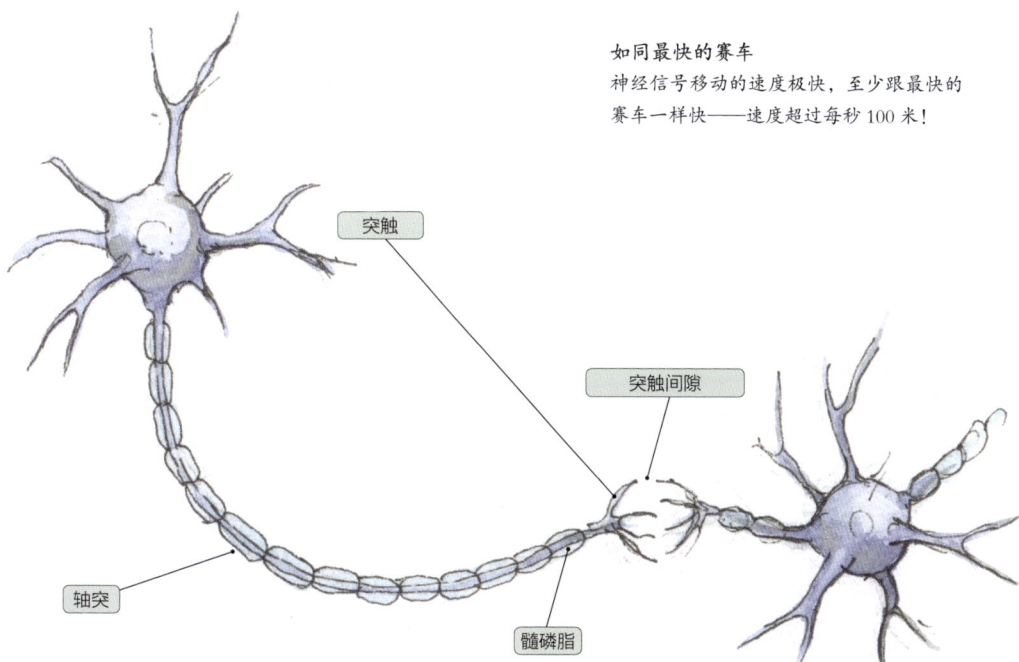

突触

突触间隙

轴突

髓磷脂

如同最快的赛车
神经信号移动的速度极快，至少跟最快的赛车一样快——速度超过每秒 100 米！

化学喷剂被注入空隙中，在下一个神经细胞上引发了一个事件。在整个大脑里，这一过程在数十亿个地点发生，每秒钟会发生好几百次。多亏了一种叫**髓磷脂**的特殊脂肪，使得神经元以极快的速度发送信息。

还有一种对大脑来说非常重要的细胞类型叫**胶质细胞**。在人类的神经系统中，有数万亿个胶质细胞。它们的任务是保护神经细胞，如通过构建**血脑屏障**，来阻止血液循环中的有害物质抵达大脑。

一个神经细胞可以通过树突接收成千上万个信号。因为大脑里约有 800 亿个神经元，这就意味着在大脑中可以实现的连接方式，数量大约是地球上所有沙砾的总和。多么庞大！

11

大脑的"通讯员"是如何沟通的

从神经细胞的突触里释放出来的化学物质叫作**神经递质**。大脑里一些常见的神经递质有：

乙酰胆碱
——作用包括参与肌肉运动，维持意识清醒。

血清素
——参与对情绪和睡眠的调节。血清素不足，可能会导致人们长时间感到很抑郁。

去甲肾上腺素
——提高觉醒、控制注意力。它有个"双胞胎兄弟"，叫作"肾上腺素"，但肾上腺素不住在大脑里，它主要在我们的躯干中活跃，遇到危险时心跳加速、手心出汗都是它的作用。

多巴胺
——有助于增强努力的动力和提高能动性。如果多巴胺的生产和摄取出了问题，也可能导致各种疾病，如上瘾、帕金森症。

谷氨酸
——帮助我们在大脑中储存记忆。

γ-氨基丁酸（GABA）
——帮助我们镇静下来，减少神经细胞的活动。

正是细胞里这些细致的工作，你才能做你想做的任何事情。神经细胞的工作是如何同时发挥作用，成为我们的思想、感觉、记忆以及其他许许多多东西的？这是最难回答的问题！关于这个问题的更多内容，请阅读本书最后一章。

对你的大脑小心一点儿

想要获取有关大脑运行的重要科学知识，我们可以用各种不同的方法，例如，通过研究大脑有损伤的患者，我们能够了解大脑的运行机制。

如果我们的头部受到重击导致大脑受伤，就会有失去记忆或视觉的危险。视力受损可能是由于我们大脑的视觉中枢或者连接眼睛与大脑的视觉通路受到了损伤。也就是说，如果我们看不清东西，不一定是眼睛出了问题。通过研究健康的大脑与受损的大脑的差别，并试图搞明白在意识或身体功能方面出现了何种改变，我们便可以了解到很多关于大脑功能的知识。

如果韦尼克区（大脑颞叶里的一个区域）受到损伤，我们便无法像大脑未受损的人那样理解语言。

一个著名的案例是菲尼斯·盖奇（Phineas P. Gage）的"起死回生"事件：菲尼斯·盖奇在一场爆炸事件中被铁棍击中，铁棍插进了他的面颊，继而穿透了他的头颅。不可思议的是，菲尼斯·盖奇在这场事故中幸存了下来，但是他大脑的前部几乎完全被损毁了。很快，他周围的人就发现，盖奇的性格与以前大不相同：事故之前菲尼斯·盖奇过着幸福的生活，很受大家喜欢；事故之后他见人就骂，而且记忆力极差，朋友们都躲着他。盖奇之所以发生了如此大的转变是因为他的大脑变了。科学家研究了盖奇的案例，我们也因此获得了更多关于大脑的知识。

大脑的很多损伤是可以治愈的，但不是所有损伤都能治愈。所以保护好你的大脑！

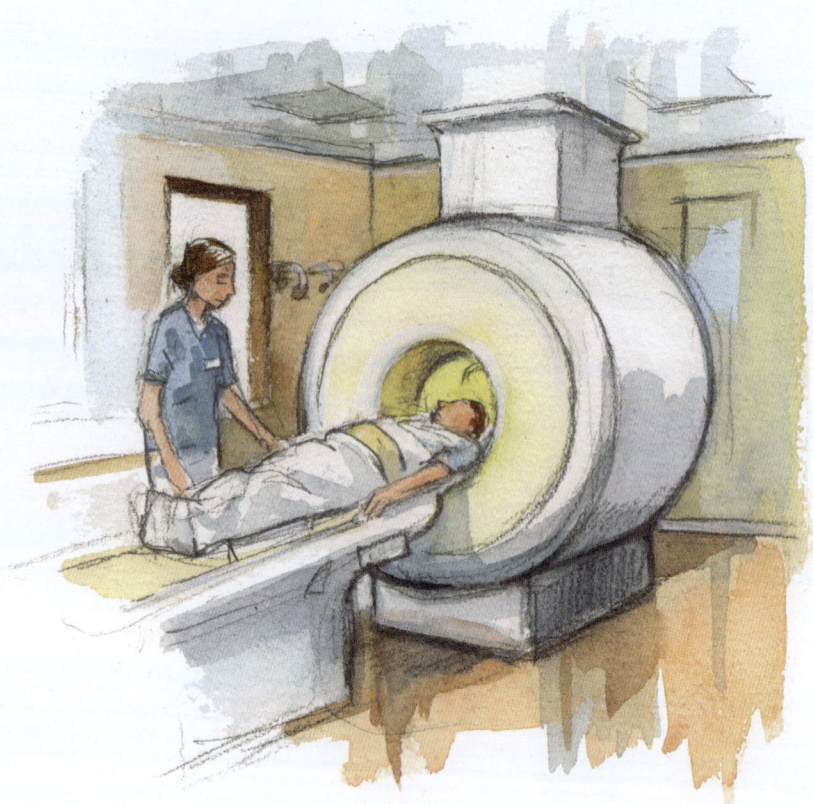

我们也可以通过其他方式对正常工作的大脑进行研究。最有名的"大脑显微镜"是**核磁共振仪**。在它的帮助下，我们可以获取大脑的详细图像，了解它的结构和功能。

当我们在思考问题、看见或听见某样东西、实施某项活动时，这种仪器能让我们看到血液是如何在大脑的各个部分流动的。大脑某一特定部位的血流增大了，可能意味着我们的某种认知能力就位于那个部位。例如，当我们活动手臂时，科学家们会看到大脑的运动皮层的血流量增大。当你想象或看着苹果时，视觉皮层会出现活动增强的现象。我们还可以对个别脑细胞进行研究，研究它们在面对不同神经递质时，会呈现出什么样的状况、做出什么样的反应。

观察大脑里发生了什么状况的另一种被大家熟知的方式是**脑电图（EEG）**，脑电图检查能够收集大脑神经细胞产生的电流。而测量心脏的工作，则被称作**心电图（EKG）**检查。

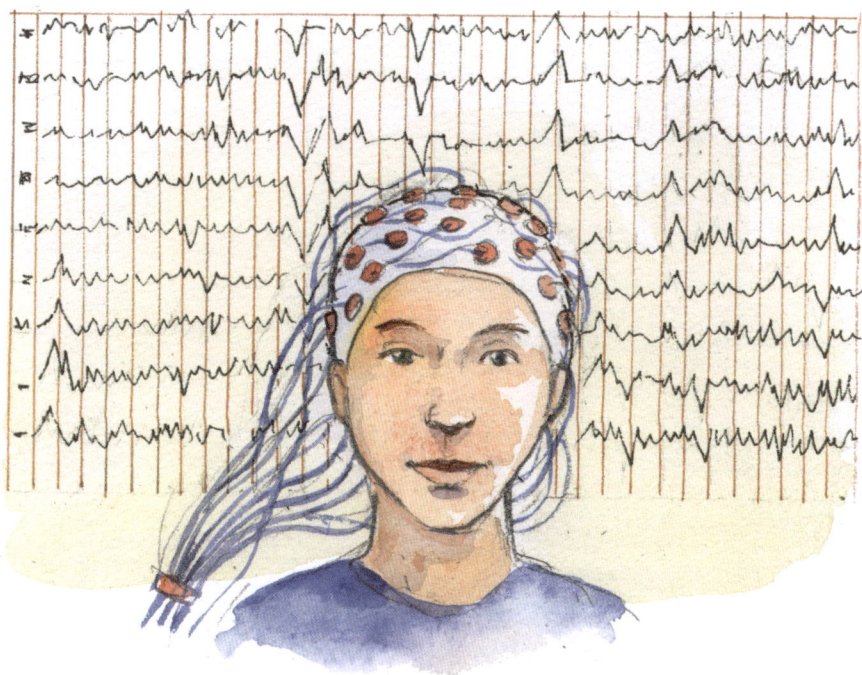

研究大脑能让我们对它有更多的认识，与此同时，也会让我们对自己有更多认识。

成年以后的大脑只能走下坡路了吗

一直以来，人们认为过了一定年龄后大脑就停止改变了，并且认为每个人只有一定数量的神经细胞，它们是不能再生的。这样的前景真让人沮丧！在生命的过程中，我们只是在不断地失去脑细胞而不会得到新的。如果我们丢失了过多的脑细胞，那就没有办法了！这样一来，我们可能会出现记忆问题，学习新事物也将越来越难……

如今我们知道了，对大脑的这种看法是不正确的。近年来的研究表明，其实我们一生中会不断地有新的脑细胞形成，当遇到变化、获得新的经验后，大脑的相应区域会发生重组。现代大脑研究中有个关键概念叫**神经可塑性**，这意味着大脑被认为是一个活着的、不断变化的身体部位。每次当你学到了新东西——如读完了这本书——你的大脑便发生了改变。你学到了新的东西，在这个过程中，大脑中那些精巧的神经细胞网络也在发生改变。

一个经典的发现是，出租车司机——一类需要熟知不同路径规划的人——他们大脑里帮助理解空间感的区域，要比其他人的更发达。

大脑里的神经网络可以随着新的经验发生改变。

如果大脑中负责控制双腿活动的部分因为疾病、事故或手术受到了损伤，新的脑细胞可以接管任务。通过训练腿部，大脑也将得到锻炼。

我们每天都会产生新的脑细胞，从而取代旧的，因此不管你愿不愿意，大脑始终都在发展。事实上，大脑是唯一可以随着新的印象、体验和经历来重塑自己的器官。

所以我们常说，大脑是一个动态的器官。如果大脑不幸受到了损伤，那么它的这种特性就具有极为重要的意义——因为这意味着在某种程度上，大脑可以自行修复！

"打开"你的大脑

我们可以通过很多方法来划分人脑的区域,但它主要由三部分构成:**大脑、小脑和脑干**(延髓、脑桥和中脑)。

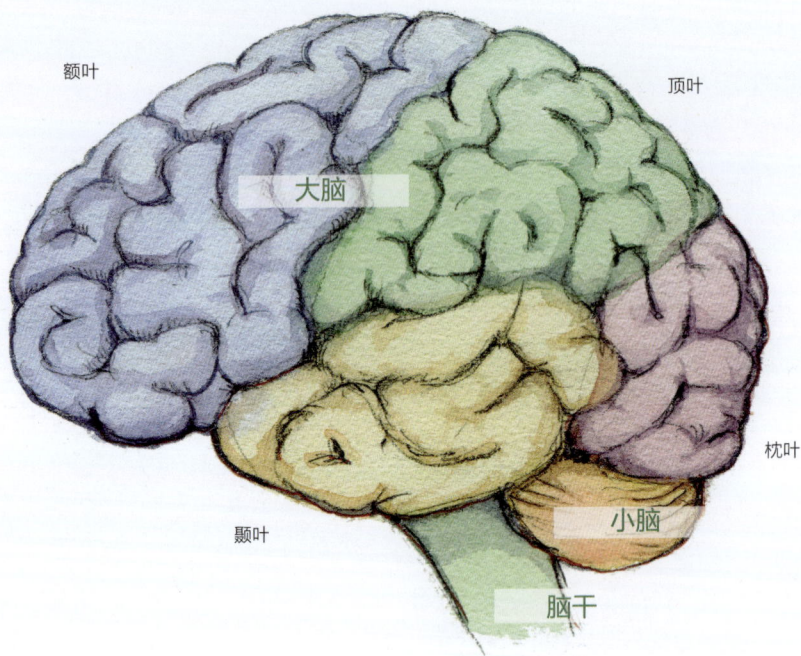

额叶

大脑

顶叶

枕叶

颞叶

小脑

脑干

1. 大脑

大脑是人脑最大的部分,在那里发生着各种给予你思考能力的过程。那里有帮助你看、听、尝、记忆以及处理其他事情的神经细胞。无论你是看见、听见、尝到、嗅到或是想象到什么,都是大脑工作的结果。很多科学家在探寻思考过程与大脑中发生的物理过程之间的关联,他们想要弄明白大脑中的哪些物理结构引发了各种心理现象。大脑可分为若干部分:额叶在大脑的最前部,顶叶在中间,枕叶在最后面,颞叶在大脑的两侧。

- **额叶**能帮助我们进行有意愿的活动，如挥手、喝酒或跳水时的举手动作。

- **顶叶**能帮助我们接收来自皮肤的感觉印象，例如，当有人轻拍你，或你被锤子砸到手指。

- **枕叶**负责处理视觉信息。

- **颞叶**对我们的味觉、嗅觉和听觉很重要。

多亏有了额叶——大脑最前面的部分——我们才能为生活制订目标和计划。既包括未来要做什么的长远计划，也包括诸如当天晚些时候要完成什么的短期目标。额叶还能帮助我们就设定的目标和计划得出反馈，使得它们能更好地符合我们的期望。当我们进入一个不熟悉的情境，或者置身于别处时，大脑的这部分会帮助我们解决问题、进行辩论，并将这些信息存储到记忆中。

在人类身上，额叶在数百万年里是生长最快的部分。我们不认为其他物种拥有跟人类一样的能力——能够思考过去、展望未来。

虎皮鹦鹉当然能够思考类似的事情："啊，现在有人来给我送食物了！"——尽管它们不会说话。但是它们可能不会去想自己做得对或不对，不会去想它们的下一部诗集该叫什么名字，第二天还会不会得到食物……

精神上的时光之旅

你知道吗，我们其实可以在时光中任意穿梭。

"不，世界上根本没有时光机！"

你说的当然没错！我们无法穿越时光去到2078年，或是回到恐龙时代。但是我们每天都在进行

某种意义上的时光旅行。得益于人类发达的额叶，我们可以想象未来、为未来担忧和憧憬未来。我们还可以回想曾经发生的事情，在"旅行"中回到过去的情境中去。

2. 小脑

在小脑中发生的一切，使得你可以活动肌肉，保持身体平衡。小脑能帮助你更好地控制自己的身体，保证你走路时不会摔倒，了解自己相对于其他人和事物所处的空间位置。

基底神经节——位于大脑深处——与小脑合作来协调我们最为复杂的**精细活动**，如用刀叉吃饭、弹钢琴、画画、在冰上做回旋动作等。

3. 脑干

脑干由**延髓**、**脑桥**和**中脑**组成。脑干的功能主要是维持个体生命，包括呼吸、消化、心跳以及身体其他反射性活动。这可真是幸运！想想看，如果你为了活着，不得不整日去思考怎样去呼吸，这得多么麻烦啊！脑干是脊髓向上延伸的部分，含有连接大脑与脊髓的所有纤维。脑干可能对**意识**（你可以在本书末尾读到更多关于意识的知识）十分重要。在做出各种面部表情的能力方面，脑干也起着重要作用。

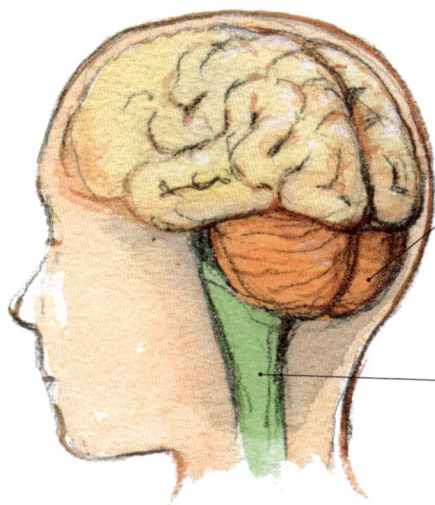

小脑帮助我们进行诸如弹钢琴、滑雪、骑自行车这样的活动。所有的动物都有小脑。

脑干控制着反射功能、肺功能、意识和其他很多事情。

爱的感觉在大脑里是如何产生的

爱、恨、开心……这些强烈的情绪不仅仅是通过小脑的物理过程形成的，也通过你自身之外的事件——譬如与其他人和情境的相互作用——以及与大脑其他区域的合作来形成。例如杏仁核——大脑深处的一个小区域——就积极地参与了多种情绪状态的发生。你可以通过不同的方式去划分人的各种感觉。

它们可以是……

看见绿色事物的感觉，听到钢琴弹奏的感觉，品尝到盐的味道的感觉，被人拥抱的感觉，轻微的恶心以及饥饿、口渴、尿急的感觉等。

可以是狂喜、充满爱意、感同身受、恐惧、暴怒或是愉悦——当你觉得某样东西或某件事极其美妙！

也可以是感激、满足、渴望、满意、后悔、悲伤、害怕、恼怒、嫉妒或是不安……

当然，也可以是自己对自己的感觉。当你很好地完成了某件事会感到自豪，当你知道自己很有价值时会产生自尊感，当你对某件事感到尴尬，或者当做了蠢事时你会感到羞愧。

或是人与人之间产生的各种感觉，比如爱、友谊、憎恨、信任、厌烦。

根据脑科学的观点，情绪是大脑里的一种化学过程。当你感受爱时，大脑里的神经细胞在以一种特殊的方式交流，这引起了你的强烈情绪。所以爱情也许只是大脑中的某种物理状态？好吧，这样说就有些棘手了！从这种观点出发，我们很容易漏掉一件很重要的事：爱这种感受本身有着各种各样的维度。关于大脑的物理运转状态，我们想知道多少就可以知道多少，然而这并不能让我们对爱有更深的理解。

爱对你来说是一种什么样的感觉，这个只有你自己知道。当你陷入爱情时，研究你大脑的科学家对你的爱情的理解，自然跟你的理解是不同的。大脑中奠定爱情的基础是什么——他们获得的是这方面的知识。

健脑操
列出 10 个能够强烈触发你情绪的词，比如：
妈妈、大海、好朋友……

左脑负责逻辑？右脑负责创造？

你知道吗，你的大脑由左右两个半球组成，并且是**左右对称**的。每个半球都包含大脑的所有结构。例如，人脑有两个**海马体**（处理记忆的区域），一个在右半脑，另一个在左半脑。有一种陈旧的观点认为，大脑的左半球负责逻辑，右半球负责创造。而如今研究表明，这不是事实，而是一个"顽固的偏见"。相反，左、右半脑控制的是不同的功能，如运动和视觉。大脑的右半球控制的是身体的左臂和左腿，大脑的左半球控制的是身体的右臂和右腿。语言能力比较偏左半脑，而右半脑更多地用于控制注意力。没有谁是只用一边大脑生活的，所有认知功能的执行都需要左右脑共同参与。

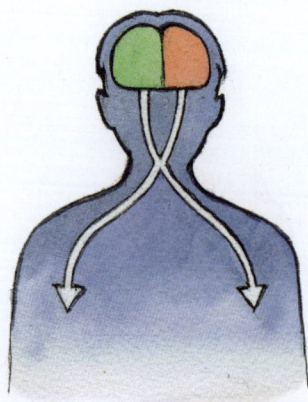

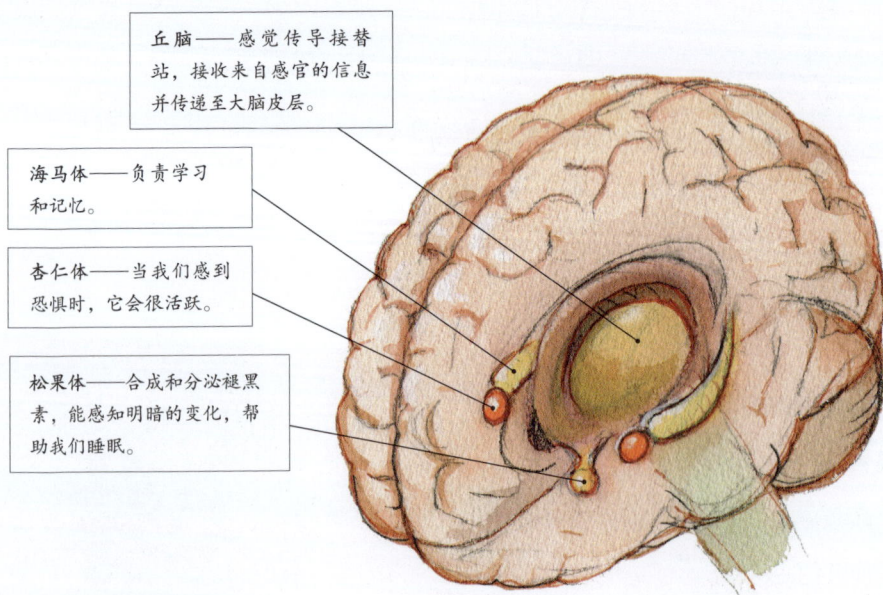

丘脑——感觉传导接替站，接收来自感官的信息并传递至大脑皮层。

海马体——负责学习和记忆。

杏仁体——当我们感到恐惧时，它会很活跃。

松果体——合成和分泌褪黑素，能感知明暗的变化，帮助我们睡眠。

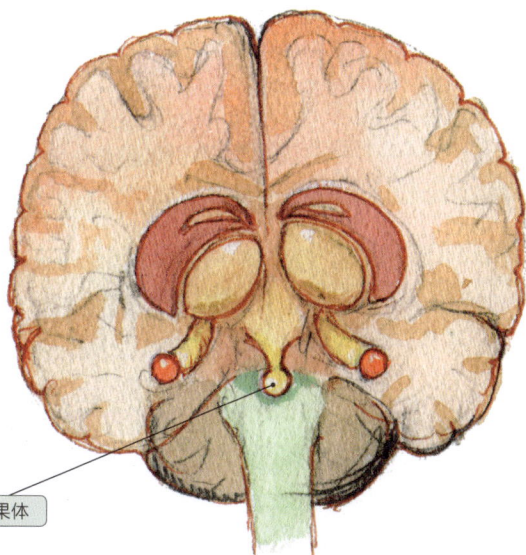

松果体

如今我们在科学领域不再用"灵魂"这个词了，而是说"意识"。

要想睡个好觉，得靠它

大脑中唯一"单一"的部分是松果体，位于左右脑之间。因为它是独一无二的，并且人们曾以为松果体只存在于人类大脑中，所以大家认为，灵魂就在这个区域。在人们看来，灵魂是永恒的、无法摧毁的。

因此，松果体也被认为是不死的灵魂与会死的身体之间的"连接站"！

如今我们知道，松果体负责产生一种叫褪黑素的激素，该激素参与身体的昼夜节律。褪黑素可能不是那么强大，却十分重要。

人体运转的秘密

我们的神经系统分为**中枢神经系统**——位于大脑和脊髓中的神经系统，以及**外周神经系统**——从大脑出发经脊髓往返于身体各部分的神经系统。外周神经系统的正常运作，使得你能够控制你的活动，接收来自你周围的感官印象。

神经系统的有些部分处于我们的控制之下，例如，当你决定在课堂上举手回答问题时，这是你选择的结果。

而另一些功能是我们无法用意识影响的，如心脏的跳动、肠胃的各项功能等，这部分神经系统因此被称为**自主神经系统**。人脑中有一个很小的部分（体积只有整个脑部不足 1% 的空间）叫**下丘脑**，参与对自主神经系统的调控，譬如影响心脏与血管功能。它能调节体温，带给我们幸福和享受的感觉，提醒我们什么时候该吃东西、该喝水。下丘脑位于大脑底部，就在上颌的上方。

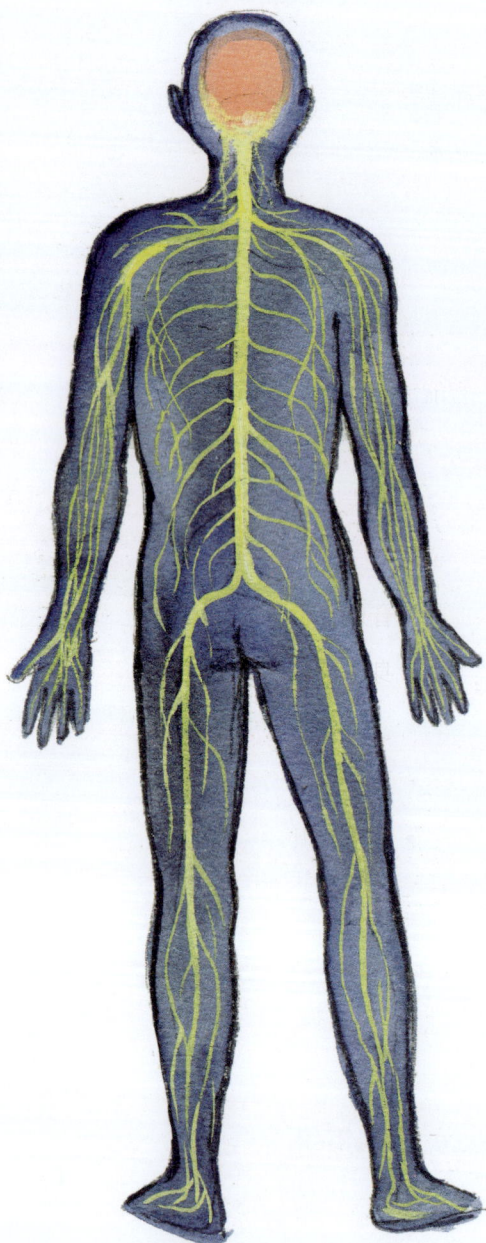

一个充满了智慧的大脑

人类大脑在几十亿年间随着自然的变化而变化，我们将这一过程称作**演化**，这个词有演变、变化的意思。随着不断的演化，我们拥有了如此先进的大脑，进而发明学校、科学、艺术、哲学、政府和法律体系等整套文明。

• •

科学家提到了至少七种不同类型的智能：

- 语言智能
- 逻辑智能
- 音乐智能
- 身体智能
- 社会智能
- 艺术智能
- 自我意识

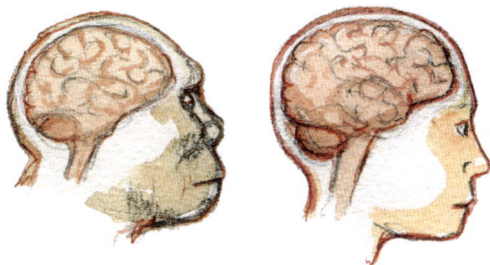

也许你觉得自己在音乐方面最有天赋，或者你喜欢写故事，认为自己很有语言天赋。当你读到这里，不妨列一个表，看看自己究竟有哪些优势！

每个人都拥有以上智能，只是程度有所不同。

有了语言，就有了一切

　　人类与其他动物之间最大的区别是语言，也就是我们的**语言智能**。想想看——你可以张开嘴，动动嘴皮子发出各种声音，这些声音能被你周围的人理解成各种信息；你所说的内容包含了事实或谎言，你可以发出警告或是表达鼓励——多么神奇！我们的社会和文明在很大程度上是由语言创造的。借助语言，我们可以达成各种协议；我们可以彼此谈论诸如一场会议结束了、某人是首相、某栋建筑是学校这类事。

　　很久很久以前，动物们在地球上行走，它们看起来跟我们差不多，但它们却无法互相交谈。关于人类是如何开始使用语言的，科学家尚无定论，但仿佛是突然之间，人类彼此之间就开始交谈了。到底发生了什么？

　　如果一个人只是挥挥胳膊，那没有任何含义，但如果我们突然获得了一种天赋，开始有目的地去挥动胳膊，那么奇妙的事情就发生了——挥舞胳膊的动作突然间就被赋予了某种含义。我们也许是想召唤朋友，说"来，这里有食物！"从那开始，不久就有了更进一步的发展，人们开始用不同的声音表示不同的事物。这时，我们已经在发展出一种语言的道路上走出了一大步。

　　此外大脑还赋予我们一种语法能

我该怎样才能告诉他们咋天我遇到了一群猛犸象？

健脑操
把这个句子写完整：
"在路的尽头，我看到了……"
看到了什么？想一想！

28

你太可爱了，可惜你不会说话！

力，帮助我们说出那些靠简单的手势或声音无法表达的东西。用不同方式把文字组合起来的能力，为我们提供了发展语言和表达新事物的可能。

当然，别的动物也可以通过肢体语言和不同的声音进行交流。马扭动耳朵来标记和设定边界，蜜蜂通过舞动屁股来告诉其他蜜蜂发现了某种花。但是动物却没法说出如人们该怎样才能去到月球这样的事情。其他动物也不会写诗，不会想暑假要做些什么……多亏了你脑袋里的这团了不起的东西，你才可以说出你的所有想法！

如果我们不会说话……

语言必须被解读，这样你才能理解它，这里需要我们把所讲的话的实际含义与说话者想表达的真实意思区分开来。

为什么这么说？嗯，比如"你说谎的时候，我看穿了你"这句话，它的意思不是说"我"突然间看穿了某人的身体，而是说这个人的说谎水平不高。当某个人突然挠挠头说"唉，我把脑子丢了"，你不应该弯下腰去地板上找这个人丢失的脑子……不，你知道你的朋友只是忘了他想要说什么而已。

在你的大脑中有两个语言区域，即**布洛卡区**和**韦尼克区**，它们共同形成语言系统，既能帮助你理解别人说的话，也能让你表达自己。试想一下，如果你无法通过语言表达自己的思想，无法让别人听懂你的话，那会是怎样一番情景！

哈！我把你看穿了！

理性思考离不开它

你还具有一种奇妙的能力，就是运用你的**逻辑智能**得出结论。你可以做算术，从我们知道的东西推断出我们不知道的新东西。例如你有 5 个苹果，有人又给了你 7 个，你能很快算出苹果的总数是 12 个。人类的逻辑智能也使我们能够理解复杂的推理。举个简单的例子：

一个女孩走进一家餐厅，点了个汉堡包。可是当汉堡包端上来的时候它被烤焦了，散发着难闻的味道。女孩没有付钱就跑出了餐厅。

你觉得她吃这个汉堡包了吗？

答案是没吃。黑乎乎的、闻起来烤焦的东西我们通常是不会吃的。

去餐厅吃饭，当我们对食物感到满意时才会付钱。你可以做一个相同的思维实验——如果端上来的汉堡包看起来好好的，她在付钱后会不会吃呢？答案很显然是：会。

再举一个例子：你想上电影院看最新上映的电影，可是手头没钱。"我想去看电影！"你对旁边的大人说，他回答："碗还没有洗！"这时候你会怎么想？是他没有听到你的话？不，这就是巧妙之处！尽管他的回答只有"碗还没有洗"这么一句，但是你可以得出一个结论，也就是说，你有钱可以赚——如果你把碗洗了的话。这完全符合逻辑！

动物能创造音乐吗

人类还具有**音乐智能**。跟其他动物不同的是，我们能够创作歌曲，弹奏各种乐器：吉他、钢琴、鼓、笛子、低音大号……不过鸟类肯定也懂音乐吧？毕竟它们唱歌那么好听。不，如果你细心观察的话，会发现鸟儿只是在重复某一种旋律。一只小鸟会唱"叽叽……叽叽……",四个小时后它的歌声还是一模一样,一年之后它唱的仍然是同样的曲子!

鸟儿当然也能在某种程度上变换自己的曲调——用来吸引别的鸟儿或警告危险——但是鸟儿不会创作歌曲。这也许是因为我们的大脑有所不同?当然,人类是有创造性的,有能力创造出以前不存在的事物。

大脑的语言构建系统和音乐创作系统有一部分是互相重合的,因此有些科学家认为,音乐和语言在某种程度上使用的是大脑的相同区域,基于相同的基础语法。用同样的方法,我们可以创造出无数新的句子和旋律。

此外,人类还拥有一种与生俱来的韵律感。事实上,人类并不是唯一一种有节奏感的动物,甚至在节奏感这件事上,我们可能还不如一只鹦鹉。

大脑和身体,谁"控制"谁

我们还拥有**身体智能**。此时此刻,不要用眼睛去看,感觉一下你自己双腿的摆放方式。你无须去看就能知道自己的腿是怎么摆放的,对吧?你还可以四处走动,并且不会撞上任何别的什么,这是因为你对自己身体的边界是有意识的。并且,你所具有的平衡感使得你可以骑自行车、跑步和跳舞。

身体和大脑之间有着由神经组成的巨大"高速公路网",这便可以解释身体

与大脑是如何互相影响的。这也是为什么当我们锻炼身体后，大脑会感到很清爽。你还记得人在活动时，脑的哪部分最活跃吗？没错，是小脑。

"感同身受"真的存在吗

人类是社会性动物。很多其他动物，比如马，也具有社会性——它们是群居动物，夜里当别的马睡觉时，会有其他马负责值守；如果有一匹马被人从牧场带走，其他马会感到不安；而当伙伴回来的时候，它们会开心地嘶叫。但跟马不同的是，人类拥有使用 社会智能 来建立共识的能力。

人类也可以融入其他个体的生活环境，这种能力也许是其他动物所不具有

的。或许是因为我们拥有发达的语言和想象力，从而能够倾听朋友的诉说并设身处地地给予建议和帮助，或只是当一个安静的倾听者。

一个好人？

在脑科学领域有一则有趣的新闻，它印证了"人之初，性本善"这一说法！科学家让婴儿同时观看一个友好的场景和一个带有侵略性的场景，研究发现，孩子明显更倾向于观看友好的场景。科学家因此认为，我们人类天生是善良、乐于关心别人的。而善良也是一种可以训练的能力，就好比通过练习可以学好数学。同样我们可以训练自己——多为别人着想，多做好事。

先了解自己，再做自己

自我意识是人类拥有的另一种智慧。你知道你喜欢做什么，比如写作、画画、聊天、辩论、摄影、跳舞、运动或别的事情。你知道什么能让你感觉舒服，如吃饭、睡觉。随着年龄的增长，你或许能更加明确地知道自己想要什么，从而设立适合自己的人生目标。

如何把想象变成现实

我们的**艺术智能**赋予了我们对颜色、形态、线条和图案的感觉。我们能够创作出很多新的事物，比如书、音乐、电影、绘画等。几乎每个孩子在小的时候都喜欢画画，这似乎也说明了在人类的内心深处，潜藏着一股强烈的渴望——创造新的东西。我们不应该轻易放弃这种渴望，要敢于去尝试，看看自己到底能做什么。想出一个点子是一回事，而把这个点子变成现实是另一回事。

我的建议是：倾听自己内心的声音，弄明白你到底想要创作什么。当然，你肯定不会立刻创作出大师级的作品，任何人都不可能。好的作品是需要经过长期练习的。现在就开始吧，灵感来源于实践。

健脑操
你对自己了解多少？
你是谁？你想做什么？
仔细想想！

问题永远不会结束

大脑非常奇妙，我们知道很多关于它是如何运转的知识。然而至今最难的问题还没有解决：大脑是如何制造思想和感觉的？简单来说，就是意识是如何运转的。

揭开意识的神秘面纱

我们知道，人的大脑有 860 亿个神经细胞。我们还知道，大脑里的网络可以根据经验发生改变，神经细胞能引导电脉冲和化学脉冲，这些脉冲是大脑功能与工作的基础。可是，发生在神经细胞中和神经细胞间的这些事情，到底是如何引发了那神秘的意识的呢？

脑子是个好东西

当在写这本关于大脑的书时，我是有意识的。我有这样一种经验：我能感觉到指尖下的键盘；我能听到客厅里的冰箱在嗡嗡作响、笼子里的虎皮鹦鹉在叽叽喳喳；坐了太久，我会感到背部有些僵硬，我开始想象去到森林里散散步。所有这一切都是自然而然发生的，可是意识仍然非常神秘，两千多年来一直困扰着科学家和哲学家，也一直吸引着他们去寻找答案。意识到底是什么？

很多科学家是这样描述大脑与意识的关系的：当你在思考什么事情的时候，如"今天晚饭吃什么"或是"想知道宇宙是不是无限的"，这时你的大脑细胞处于不同的状态，它们引起了你的思想和感觉。非常巧妙！没有大脑，我们就不可能体验到这些。

好，好！我意识到今天是星期一。

关于意识的科学定义——比如我们知道水是 H_2O——现在还不存在。不过意识可以被描述为一种你早上醒来后开启的状态，它包含着你白天的所有经历，你的思想、印象、愿望和梦想……一直持续到你睡着、死亡或失去意识为止。从某种意义上来说，你在夜里做的梦也是意识的一种形式。想想你在梦里经历的所有那些奇怪的事情，虽然它们没有真的在现实中发生！

大脑一直都在工作吗

将**感官印象**整合起来，是意识的一个非常重要的功能。外界的各种信息在每时每刻通过你的感官——视觉、听觉、味觉、触觉和嗅觉——涌向你，你的大脑需要理解诸如边界、形状、颜色、光线和对比度之类的东西以及事物活动的方向、味道、气味、声音和位置等。例如，你可以看见盛在盘子里的饭菜、放在桌子上的饭菜、掉在地上的饭菜……此外，感官印象到达大脑所需的时间是不同的。来自脚的触觉信息到达大脑的路径要比来自耳朵的听觉信息到达大脑更远，但我们却是在同一时刻体验到这一切！有些科学家认为，你对外界的意识体验要比事件在现实中发生的时间延迟大约半秒钟，这是为了给意识留出时间，好让它能够把涌向你的所有印象整合成一个均匀的整体。

来自你感官的印象会被引导到大脑的不同区域，在那里会发生各种不同的过程。所有这一切会被处理成你的感觉和这个世界的背景知识。

在你生命中的每一个瞬间，大脑都在为你工作。

什么才是真正的"我"

一直以来，意识都被视为**人格的核心**。正是在意识中，存在着你那独一无二的自我，它携带着你的所有思想、感觉和期望，让你成为你。因此我们可以认为，意识比身体更为核心。不管怎样，历史上很多人都愿意这样来看待意识。我们的身体似乎比人格更加临时，也更为偶然。我出生时只是恰好地带着某个身体，它有着特定的身高、特定的发色等。但我的"自我"也是如此偶然吗？如果我在做木工时不小心锯掉了一根手指——这当然会很麻烦——但尽管我少了一根手指，我还是我自己。同样，有科学家说过，我们可以设想自己身体的所有部分都消失了，这时发现自己仍然

留了下来。是怎么留下来的呢？嗯，作为一种会思考的生物体留了下来！不过现在我们知道了，身体是最最必需的。没有了大脑，意识也就不存在了。

植物有意识吗

不是所有人都同意"大脑引起意识"这一观点。不同意这一观点的科学家认为，意识存在于自然界中，它无处不在，甚至存在于没有生命的物体和没有大脑的生物身上。向日葵总是朝向太阳，它也许有着极其简单的意识？也许阳光本身以及世界上所有的原子也具有简单的意识？

嗯嗯嗯！

这种观点被称为泛灵论，即一切物体都是有生命的。但其实我们并不确切地知道哪些生物是有意识的，我们也不知道意识到底是不是无处不在。

你怎么看？

动物有意识吗

有些人否认动物有意识，他们认为意识是人类特有的。根据这种观点，如果小狗的前掌被针刺到了，它叫了起来并不意味着它感觉到了痛，而是像一台没有灵魂的机器在展示某种行为。但如果你细想下，就会发现这不符合事实。狗长着眼睛、耳朵、舌头，它有感觉，有大脑。如果不是为了拥有具有意识的感官体验，它为什么要有这些感官？不，最有可能的解释是，动物会对外部世界

猫肯定是有意识的，那蚂蚁和树呢？

作出有意识的反应，虽然它们的反应方式跟我们不一样。例如，我的大多数朋友见到我都不会舔我的手，但我的马会这么做！

你能"看到"自己的意识吗

关于意识，所有的观点和理论都在提醒我们理解它有多么困难。意识真的非常神秘！我们没法称它的重量、测量它的大小。我看不到你的意识，你也看不到我的意识。它是无形的。你不能像切苹果一样把你的思想切成块，你不能把你的思想从脑袋里掏出来，不能把它拿在手里，说："看，这就是我的想法。"奇怪的是，当你思考的时候，如果我们研究你的大脑，只能看到大脑细胞在工作，除此之外，我们看不到任何思想。

那它是如何运转的呢？你大脑里的各种物理状态是如何同时成为思想、感觉、希望、计划、记忆和梦想的？科学家和哲学家一直在思考这个问题。但直到今天仍然没有人确切地知道这是怎么回事。

不过我们正在接近答案！

想想看，如果思想是悬浮在你头顶上空的气泡……那样的话，我们或许就可以称它的重量、测量它的大小了。

也许有朝一日，你会成为一名脑神经科学家！

你可能知道，看起来好像
是太阳在落山，但实际上是地球在运动。
同样，看起来像是天上有一座七彩桥，但这只
是一种错觉，彩虹是光线穿过悬挂在大气中的
水滴发生折射、反射形成的。

意识是一种幻觉吗

传统上，很多科学家会避开研究意识问题，因为没法像研究世界上其他现象那样来研究意识。并且在这个领域，望远镜、放大镜、天线和显微镜都派不上用场！有人说，意识不属于科学，很长一段时间里人们都在试图让这个问题"消失"，直接说意识是不存在的。他们认为，意识要么是大脑中运行的一种计算机程序，要么就是类似日落、彩虹那样的幻觉。

"意识是一种幻觉"，很多科学家对这种论断感到很奇怪。如果我感觉到自己是有意识的，那我应该就有意识吧？他们认为，在意识存在的这一点上是毋庸置疑的，因为我们必须通过意识，才能够怀疑！

无形的思想如何影响有形的事物

一些科学家持相对温和的观点——认为意识是存在的，但在现实中不发挥任何作用。无形的思想怎么影响有形的事物呢？我想抬腿的念头，怎么能够让我真的抬腿呢？不，从根本上说所有一切都是大脑中的物理过程！正是这些物理过程而不是思想引发了活动，思想只是在一个角落里跟随了一下。在这种观点看来，意识就好比海里的泡沫：虽然泡沫幻想着自己承担着繁重的工作，每天把海浪拖到沙滩上，可我们知道泡沫在海浪的运动中没有发挥任何作用。

行为和意识，谁决定谁

还有人认为，所有关于意识的讨论，都可以被关于行为的讨论代替——高兴就意味着嘴角上扬！根据这种观点，这背后没有感觉在发挥作用。讨论行为的好处在于它能够被科学地加以研究，于是关于意识的神秘本质的问题也就消失了。

然而这种观点逐渐失去了影响力。根据现代研究和我们的日常经验，所有关于意识的讨论实际上并非不必要！当我们被锤子砸到大拇指时会感到痛，这不仅意味着我们会跳起来"哎哟哎哟"地大叫，背后还存在着一种经验感觉——感到痛和害怕自己受伤。这种痛的经验是看不到的，哪怕我们对大脑进行观察，但这并不意味着经验感觉是不存在的。

意识到底有什么用

如今，绝大多数人认为我们不需要让意识"消失"。实际上意识不仅没法消失，它还是我们生命中最重要、最核心、最自然而然的存在。我们每天从早上醒来开始，意识便发挥着巨大的作用。我们吃饭是因为饿了，喝水是因为渴了，我们想要不同的东西，思考各种问题，为未来做计划。事实上，意识是我们所有行为的基础！

意识能摆脱大脑独立存在吗

大脑和意识是如何联系在一起的，这是所有问题中最难的一个，因此，人们甚至直接把它命名为"难题"。

我们知道，拥有意识能让我们尽可能地胜任在这个世界上的生活。想象一下，如果你不具备有意识的视觉体验，那么当你骑自行车时会多危险？

但是说回这个难题——大脑是如何引起我们意识的，地球上其实没有人能够做出准确的回答。

意识在大脑的什么地方

我们所有的经验、感觉、思想和意识，都是大脑里一种或多种过程的结果。当你被锤子砸到了大拇指，或者想知道未来人类是否会在火星上散步时，你大脑里出现的某种神经细胞状态会引发你的感觉或是问题。但是关于意识仍存在着很多非常细节的问题，例如，当你瞭望大海时，你对大海深度和广度的经验，具体位于大脑的哪个地方？经验是在细胞核中产生的，还是在细胞膜中？这个过程是发生在神经纤维上吗？还是说经验是由各种细胞和细胞群之间经过大量复杂的整合而形成的？

你意识到你是一个机器人了吗？

?

未来我们会不会制造出有意识的机器人？

你的大脑可以干出一番大事

只有你知道你自己的感觉和想法，并真实地感受到自己的存在。但当你在思考一件事情时，大脑里发生了怎样的活动，对你大脑进行观察的科学家会获取到完全不同的信息。毕竟，神经细胞的工作与你十岁时坐在阳光下啃一个苹果的记忆是不同的，哪怕记忆是由神经细胞引发的。为了彻底搞明白意识是什么，我们必须理解大脑是如何让神经细胞成为我们的思想和感觉的，我们必须搞明白大脑是如何建造出整个意识领域的。这些目前还没有人知道，但是科学正在向前发展。虽然我们在不断地获得对大脑的新的认知，但仍有很多问题有待深入探索。没错，知道的越多，不知道的就越多。也许未来你将成为解开这些谜团的人之一？你和你的大脑可以干出一番大事！

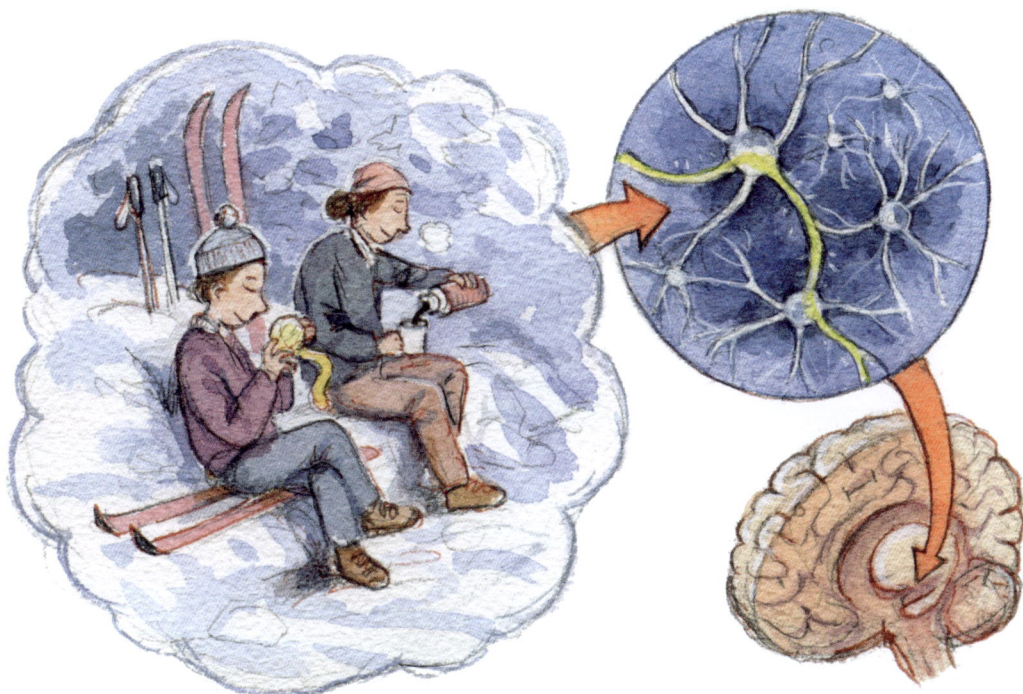

图书在版编目（CIP）数据

哲学真费脑·最强大脑的奥秘 /（瑞典）彼得·艾克贝里著；（瑞典）延斯·阿尔伯姆绘；徐昕译. -- 武汉：长江文艺出版社，2021.11
（未小读人文科普系列. 像哲学家一样思考）
ISBN 978-7-5702-2284-1

Ⅰ.①哲… Ⅱ.①彼… ②延… ③徐… Ⅲ.①哲学 –少儿读物 Ⅳ.①B-49

中国版本图书馆CIP数据核字(2021)第130231号

DU OCH DIN HJÄRNA

by Peter Ekberg (text) & Jens Ahlbom (illustrations)

Copyright © Bokförlaget Opal AB, Bromma 2018
Simplified Chinese translation copyright © 2021 by United Sky (Beijing) New Media Co., Ltd.
All rights reserved.

湖北省版权局著作权合同登记号 图字：17-2021-159 号

哲学真费脑·最强大脑的奥秘
ZHEXUE ZHEN FEINAO · ZUIQIANG DANAO DE AOMI

选题策划：联合天际
特约编辑：邢 莉　　　　美术编辑：王颖会
责任编辑：黄 刚　　　　责任校对：毛 娟
封面设计：孙晓彤　　　　责任印制：邱 莉 胡丽平

出版：长江出版传媒 长江文艺出版社
地址：武汉市雄楚大街268号　　邮编：430070
发行：长江文艺出版社
　　　未读（天津）文化传媒有限公司（010）52435752
http://www.cjlap.com
印刷：北京雅图新世纪印刷科技有限公司

开本：720毫米×1020毫米　1/16　印张：2.75　插页：2页
版次：2021年11月第1版　　2021年11月第1次印刷
字数：22千字

定价：108.00元（全三册）

未小读
UnRead Kids
和世界一起长大

未读CLUB
会员服务平台